DIVIDIR EL DESIERTO

Mikhail Carbajal

Dividir el desierto
© Mikhail Carbajal
© Bruno Javier por el prólogo
Primera edición digital, junio 2021
Segunda edición digital, primer impresión, marzo 2023
Reimpresión y ajuste de tamaño, septiembre 2023
Reedición, septiembre 2023
Reedición y añadidura de *Aridoamerican Standoff*, julio 2024

Fotografía de la portada:
Sin título (detalle) - © Lorena Borja

Funámbulo Librería - Editorial

Director general
David Granados
Coordinador Editorial
Mikhail Carbajal
Consejo Editorial
Renato Tinajero | Evy P. Reiter | Jorge López Landó

Este trabajo está sujeto a la licencia de Reconocimiento 4.0 Internacional de Creative Commons.
Descarga gratuitamente este libro en digital ingresando a funambulolibreria.com
Cualquier otra distribución por cualquier otra vía, requiere el permiso por escrito del autor.

Nota y agradecimientos a la 3º y 4º Edición

La elaboración, edición y publicación de Dividir el desierto fue un largo y sinuoso camino. Ya alrededor del 2012 comencé a escribir —en pleno exilio regiomontano— algunos de los poemas del apartado Cactus. Menciono "exilio regiomontano" a una rimbombante manera de decir que me mudé de Ciudad Juárez hacia Monterrey para cursar la carrera en Letras.

Dicha mudanza (y por ende, distanciamiento) afinó, transgredió y modificó mi manera de ver al desierto, y lo convertiría en uno de mis principales motivos poéticos.

En 2021, en plena pandemia, saltó mi inquietud por publicar un compendio de los poemas que ya había trabajado, y la opción fue la Librería Funámbulo, en la cual hoy en día cuento el privilegio de participar como coordinador editorial. Y ahora, a casi dos años de distancia de esa publicación digital, finalmente veo plausible la posibilidad de materializar esa impresión.

Este libro que tienes en tus manos, mi ópera prima, no es un trabajo individual. Agradezco con creces a Yadira Durán, que me ha acompañado en este ir y venir y se ha vuelto un apoyo incondicional, sincero y amoroso para todos los aspectos de mi vida. Agradezco también a mis eternas amistades de la *Liga Paradiso*, quienes pudieron leer, revisar y corregir los primeros bosquejos de poemas de este libro: Juan Manuel Zermeño, Bruno Javier Velazco, Julio Mejía III, Olga Carrizales, Jesús de la Garza, Merari Lugo Ocaña, Carlos del Castillo y Eduardo Zapata, y también a quien nos dirigiera e instruyera, mi maestro Iván Trejo. Agradezco también a otros ojos lectores que opinaron, comentaron y presentaron este poemario en este recorrido de los años: Édgar Trevizo, Paloma R. del Río, Valeria Loera, Jorge López Landó, Jessica Anaid Hernández, y a los nuevos ojos lectores de Mónica Blumen, Rafael Cárdenas y Carmelita Benitez, Marisol Vera Guerra y el maestro Renato Tinajero, así como Joe Vargas.

Por supuesto, agradezco a mi editor y jefe, David Granados, por continuar este legado tan importante de apoyar a autores independientes, lejos de la parafernalia que suele suscitarse en el mundo editorial.

De igual manera, doy gracias especialmente a mi familia, concretamente a mi madre, Lourdes Quinn, apoyo constante, eterno y absoluto en mi vida y obra. También a mis hermanos, Mitchel e Iyali.

Y finalmente, agradezco a las y los lectores que han llegado a este trabajo por cualquier razón, espero que recorran amenamente el viaje de este libro.

Addendum: para la 4° impresión, se han corregido algunas erratas y he añadido mi plaquette y hermano menor de este libro, *Aridoamerican Standoff* con el que gané un 2° lugar en el Literatura Joven Universitaria 2015, UANL, y que vería a la luz a través de mis entrañables amigos de Anverso Editores, gracias a Jaz y a César.

MIKHAIL CARBAJAL,
Monterrey, N.L., 2023

Fronteras para unir

Si bien la muerte no discrimina, sí lo hacen las fronteras cortando de tajo el sueño de la vida digna. Por definición frontera es lo que separa, lo que divide; desiertos, familias, realidades.

Lograr un poemario que cumpla lo prometido en su título es una empresa de lo más costosa. Aquí hay un libro que se lee como caminar en el desierto y dividirlo: no hay rumbo, la meta que parecía ser alcanzable se aleja mientras se avanza. Dividir el desierto atenta contra la frontera como concepto, la resignifica como un lugar de unión común.

Sobre la mesa, entonces, está el juego de dos fronteras: la geografía nacional del norte mexicano[1], pero también la frontera de lo poético[2]. Algunos textos conviven con el modernismo mexicano, cantándole al espacio, al concepto, como quien canta al ser amado. El desierto es objeto de deseo para la voz lírica, lo toca a palabra, lo erotiza. Desde su aliento

---

[1] Desdibujada por naturaleza propia, aprovechada desde su campo semántico y lingüístico.
[2] Refiriéndome a la forma de composición versal; cada poema opera con sus propias reglas a modo de verso libre sin dejar de lado tradiciones que permanecen en las poéticas contemporáneas.

joven, el autor nos muestra una serie de inconformidades ante la versificación rítmica, son pocos los poemas que guardan relación en su estructura, mas no se permite dejar de lado sus preocupaciones sociales y personales al construir la arena propia de su desierto.

Los paisajes secos y norteños reverberan en estos poemas: paisajes que, si bien, su resequedad y realidad de sangre nos hacen querer otorgarles abandono, las almas que le habitan modifican su esencia, lo vuelven habitable. Dividir el desierto es un libro que hace convivir al migrante desdichado con algunas estampas familiares: presencias amorosas e intermitentes que animan al lector para seguir el viaje.

Si bien hay poemas que permanecen como fotografías de paisajes, son más los que apuntan a lo narrativo, permitiendo desarrollar contextos aislados mas no inconexos. Hay dos poemas breves en el libro, aproximaciones al texto breve de tradición japonesa, en ellos es evidente la intención del autor de hacer convivir las formas clásicas de otras latitudes con las propias.

Desierto lengua bífida: / Tu espalda aún sueña/ con el mar que fue.

Al final del día, / cuando los buitres se marchan,
/ todos los
huesos / quedan del mismo color.

Por otro lado, la estructura de la mayoría de los poemarios contemporáneos que se publican en Latinoamérica se desarrollan bajo una premisa o tema, se extienden tanto como le es posible al autor para, de este modo, conformar un libro unitario en su eje semántico o temático.

Muchos son los casos de escritores y poetas que desarrollan un libro partiendo de la investigación, temas que les atañen profundamente y no necesariamente los han padecido o experimentado. Es fundamental hablar del con-texto del autor y del libro; indisociables en este caso. Mikhail Carbajal, lo sé de cierto, ha vivido el norte. Es la publicación de esta serie poética lo que lo vuelve un hombre de palabra[3], siendo este libro una consecuencia de su necesidad e interés. Por ello, la voz lírica "no pierde el norte", antes bien lo procura y alimenta desde su universo personal.

---

[3] Quizá "hombre de palabra" sea una expresión venida a menos por el desuso, pero implica sin duda el ser fiel y honesto a los ideales propios.

Tomás de Aquino señaló a lo que tiene movimiento como "lo hecho por Dios". Nos movemos por necesidad. Lo mismo pasa con las artes y la poesía misma, viajamos entre sus posibilidades tanto como podemos, porque lo demanda la naturaleza de lo humano y porque el espíritu está implicado en todo viaje. El imaginario mismo de lo desértico demanda inmovilidad. Sin embargo, tanto migrar como vivir son movimientos que toda arena ha presenciado. Es decir, la memoria de un espacio universal como un Aleph, o como el agua (que es toda agua posible y existente, evocando un tanto el pensamiento de Calvino). En este desierto dividido son muchos los desiertos posibles, así es como los elementos del libro se vuelven íntimos para cada lector.

Esta frontera es una herida, participamos en ella. Son los elementos narrativos del poemario y su lenguaje accesible, mas no falto de rigor, las puertas a esta herida. Durante los cuatro momentos que forman la arquitectura del libro experimentamos la carga semántica de ser del norte, así como los significados propios que el autor ha cultivado. Mikhail, desde que sé de su actividad literaria, ha procurado el tema fronterizo. Después de casi una década de investigación por todos los medios, incluso a costa de sí mismo, ha sintetizado tanto como es posible el conocimiento de este otro México.

Sin implicar contradicciones, Dividir el desierto registra temas, formas, direcciones y fondos a todo punto cardinal, siendo fiel a sí mismo y, sin duda, siendo fiel a la poesía.

BRUNO JAVIER
PRÓLOGO A LA PRIMERA EDICIÓN

*A todos los muertos, sombras y fantasmas
que dejé en el desierto.*

Polvo errante y sombrío.

Abismo en celo.

Vena seca de olvido y de nostalgia.

AURORA REYES

Primer momento

Dividir el desierto

I

Sombras perduran en lo alto.
Tinta que se expande
sobre los peñascos malva.

La noche en el desierto:
dos mares a contracara.

II

Huele a insomnio en este yermo.
Hay punzadas en la entereza de la carne.

Se desangra la nariz
con el transcurso de los años.

De entre estas tierras emana,
centrifugado hacia el dolor,
el plasma infinito, río ligero…

y no hay vendaje que detenga
el inminente flujo
de una herida siempre abierta.

III

Comencé a deshidratarme una noche.

Era el sudor quien ahuyentaba
alimañas en ostracismo.

La serpiente salina
que deslizó de entre mis carnes
atracó a la muerte
y mil veces me resbalé de sus manos.

Luego lo vi todo quieto
como un reloj sin arena.

IV

Alguien se empapa durante la noche /
con agua de la noria;
humedal seco / tu angustia a risotadas.

El líquido encima se vierte /
infinitud del desasosiego,

hay una máxima en estas tierras:
todos los muertos se deshidratan.

V

Los muchachos juegan béisbol
el día de Santa Rita,
y bajan las muchachas del cerro
a verlos correr por el diamante.

Las muchachas se bañan en el médano
el día de la siembra,
y suben los muchachos del pueblo
a ver sus cuerpos cuarzos,
sus senos hidrósfera,
su tibia y ámbar miel.

En la noche de Santa Rita
ellas abren el pergamino de tierra:
han descubierto magia blanca.

VI

Desierto cansado,
que albergas cientos de fieras,
tú, que colocas saguaros en cada esquina
para que vigilen que la ley del norte
se cumpla al pie de la letra,

No sobreestimes tu poderío.
No olvides tu fragilidad.

VII

Tú, dios frontera,
línea recta;
sirviente de sí mismo.
No te quejes de ti.

Si en verdad deseas dormir:
desvanécete, flagélate,
excítate con tu propio espejismo.

VIII

Desierto lengua bífida:
Tu espalda aún sueña
con el mar que fue.

IX

Suelo mascabado,
convexo mar de limaduras castañas.

No hay brújula que oriente,
sino el misterio del lunar oscuro,
impactado desde lo alto
justo en el punto medio
de uno de tus muslos.

X

¿Qué vas a hacer con ese privilegio
de tener aguas calmadas,
o de arena tormentas,
sobre los pliegues de tu carne?

¿Mediante qué controlarás
a tu legión de demonios de barro?

Dios envía plagas y tolvaneras a los beduinos;
¿tú qué harás al respecto?

XI

Devastado, pobre suelo:
aunque en tus confines
caminen las más bellas ninfas de la república,
y sin agua, prolifere el canto de las sirenas,
no debes ignorar que te han fragmentado.

Estás roto,
el enemigo entró a tu morada y la saqueó.

A nadie le gusta que lo quiebren,
y tú también tienes el corazón agreste;
pálido, incompleto/
        vas por la lateral izquierda
                      cercenado.

XII

Madera y alambre
para elaborar un cerco.

Plantíos de hubiera, y nada más.

Una sinfonía de plomo
al lado de esa partitura
titulada *no trespassing*.

Acupuntura para el desierto:
                    miles de cruces clavadas.

XIII

El ángel exterminador
cela las líneas de sal

y a todo el que se atraviesa
fulmina sin avisar.

XIV

Preludios, sombra,
de tu plena voz…
dime, desertor,
¿por qué quieres
partirme en dos?

XV

Buscan,
hormigas negras
y hormigas rojas
saltar tus mallas.

Deben,
faltas de culpa,
granito a grano,
desintegrarte.

XVI

A Iván Trejo

El horizonte
de arena es marejada,
y su oleaje terroso, quebradura.

Hoy mis lágrimas son suerte
de espectro, de sombra y sal:

maldito sea el que intente
dividir el desierto
con su paso de cal.

Segundo momento

Nocturno Tijuana

a Lizbeth Urías, por todo

*Esta ciudad nos duele como una espina en la garganta,
como el hombre que pasa con el miedo dibujado en el rostro.*

JOSÉ JAVIER VILLARREAL

I

Lágrimas de agua salada
en playas pacíficas.
Mantos acuíferos
abastecen el canto del fango;
catéteres y circuitos
a lo largo de la tierra nuestra.
Apéndices vanagloriados
que no van a ningún sitio.

El sol se acuesta sobre el océano
y en el ojo de la ciudad
una tubería se quiebra.

Fontanal, te expandes varias cuadras
y atestiguas el beso funesto de la noche.

II

Esta frontera es una herida,
y ese arco de acero en su centro
es una aguja para suturar
que no alcanzó a coser
el resto de aquel tajo
de 3180 kilómetros
que todavía sangra.
Le amputaron, sin anestesia,
parte del pubis
junto a nuestra vagina desgarrada
y en ese corte, tal vez,
el fragmento de un tumor.

Hierro, alfileres, telarañas,
y mi sangre que se agota
al compás del minutero.

Un conteo brota de mi sien,
ojalá las heridas todas cerraran.

III

La garita se pulveriza
como roca de arena
sobre la palma del brasero.

Herrumbre que se expande sobre el puente.

La peste lo alcanza
y la arena absorbe,
con religiosa cautela,
todo el caldo derramado durante cuarenta años
en la esquina de un brumoso país lejano.

Al final siguen apareciendo osamentas
cada que pasa el viento.

IV

Un comerciante hambriento
intenta vender la figura de un guerrero kumiai
tallado en ébano
a un güero que come cóctel de camarón.

Y el gabacho dice:
>   *Not today. Not right now,*
>   *I´ve got a hangover,*
>   *no money left.*

E insiste:
>   *No money left to comprarte that shit.*
>   *Ahourita nou, gracias.*

El gabacho lleva en su cartera
a Ben y a Andrew
que firman una nueva declaración
de independencia de su esposa,
a quien olvidó hace unas horas
con una rubia tentación
apodada Refugio.

Gimme a break, go to piss someone else.

¿Pero no quiere un llavero?
¿O le lavo su coche?

Go, go to piss someone else.
Fade to black, go... move out!

V

Ya casi no hay cimarrones
saltando estas dunas de asfalto,
buscando néctar en cualquier aspersor.

Como chorro te acumulas
en los pies de la casa del migrante,
fachada habitada por una decena
de navegantes
y entre tantos, dos centroamericanos
venidos de muy lejos,
a quienes ningún migra creyó
el nombre de su ciudad de origen.

Y entonces,
heridos por el éxodo del dios becerro,
regresaron con los ojos tumefactos
al escabeche seco del desierto
para mañana intentarlo de nuevo.

VI

Sobre esa calle de remembranzas
el filo del agua condecora
la peste que azotó la ciudad.

Oeste suelo condenado
a que no lluevan más cosas
sino dardos de Apolo Pitio,

el hilo se ensucia y cae a la coladera,
una jauría se sacia del río entre lodo,
      el charco se funde en el basurero

y los pasos de agua vitorean:
      ¡Salve, Señor!
Salve, basurero clandestino de Dios.

VII

Para cuando los rayos de Helios
intenten evaporar el cenagal
que se formó entre la plaza y el libramiento,
la enorme tijera de la indiferencia
ya habrá recortado un tercio de la línea
punteada
que comienza
en Playas de Tijuana
y termina
en Matamoros.

Verás la franja fronteriza implotar;
    y mirarás a Dios;
    y mirarás a San Sebastián;
amarrado a un poste con propaganda política
y alcanzará a sonreír justo antes de ser
acribillado;
y mirarás a un taxista verter cloro sobre
la mancha de sangre en el asiento trasero
pero no sabrás la historia oculta tras ese acto,

de nada te servirá suponer, imaginar;
y mirarás a Cristo
> cortando con sus yemas
>> la pared de las lamentaciones
para que pasen once campesinos y un coyote,
y más allá de la línea;
> mirarás a la Virgen de los desiertos
>> engullir el alambre de púas
> y la verás regurgitar un muro de plata,
—conjuro metálico que fungirá como barrera—
protegiendo los hombros de todos sus hijos.

Te arderán los ojos ayer, mañana,
sentirás despedazadas las tripas
y la memoria te dolerá.

El tiempo te será un relato caído,
nada te será nada ya.

VIII

Aquel coralillo acuoso
desciende por la línea,
luego se vacía en los acueductos
sin siquiera voltear atrás.

IX

Ya pronto amanece,
así que relájate y espera el fin del mundo.

Las lágrimas lechuzas
amortiguarán el golpe de la mañana,
la marabunta te pisoteará,
quedarás volcado en todas partes
y habrás visto todo.

El comerciante limpiará con tu cuerpo
la mierda bajo la suela de su zapato,
se hincará, abrochará la agujeta
y sacará de la mochila al guerrero kumiai.

Entrado el mediodía
       un obrero habrá soldado la arteria
       y te dejarás de expandir,
       estarás muriendo
y no será hasta que el comerciante
venda la figura del guerrero a esos turistas

cuando por fin te podrás desvanecer,

desperdiciado,

 y en menos de una arcada,

      una de dos:

o dejarás de ser,

o habrás de ser en lo alto.

La palabra se quedará hueca en el signo del cielo

sobre nuestra frontera...

los dínamos de carne expulsarán el

desconsuelo

todo volverá a la normalidad

en esta noche fronteriza

y todo será un espejismo

sobre la lluvia de este oasis

y nada más.

Tercer momento

Cactus

From terra norte

A Dorca Ocampo

"alimañas y plantas
bailan valses tristes"
Miguel Ángel Chávez

Cuando escuches al viento
      derramarse en el primer cerro
que encuentre en cientos de kilómetros,
el ruido que genere
sonará a grito de nación comanche,
y a cantos tristes de la conquista
que tardaron en llegar y fueron guardados
      en la cabeza de una vaca
que llegó y recorrió
nuestra árida tierra hasta secarse.

Sonará a piedra que desciende,
pigmentada de rojo,
desde lo alto de la Sierra Pie-veloz.

y rodará

        rodará

        y recorrerá la arena

y también tu cabeza

a la que crees que le brotaron cuernos.

Sonará a funeral de sombra,

a calor funesto

y a ese ruido que no distingues

si es de pasos de un coyote

que se esconde confundido

por si es lluvia la que cae

o son casquillos al percutirse

en la región arisca

donde nadie escucha nada,

donde nada dice todo.

Sonará a olvido,

trote de caballo muerto,

a que has perdido tu sombrero.

Pero apenas se estrelle con el cerro
y dicho coito levante polvaredas,
recordarás que tienes sed...

te hincarás y lento,
jadeante,
dejarás que la arena te sepulte.

Cactus

No deberían existir fronteras en el desierto
ni otra línea
sino la que marca
el sol   cuando amanece;
el sol   cuando anochece.

Entonces: la luna, centinela,
patrona de los inmigrantes,
va a guiar a los perdidos
hacia un paraíso engañoso.

Alguien colocó muros metálicos
para que California/ Arizona/
         Nuevo México/ Texas/
sigan conservando su paz sepulcral
como espejismo vencido.
Los cactus son testigos mudos,
no tiritan; se defienden
(Pero el desierto huele a fragancia muerte).

BORDADO EN LA BÓRDER

Para Miguelito, pedacito de mí

Deberíamos pensar en la vida
como un bordado;
      manos artríticas de doña Agustina,
dos derechos, un revés,

y cada vez que aquel rostro arrugado
se contemple
      en un espejo de plástico plateado
fuertes vientos habrán de batir
sendos postes,
both sides,
wasteland,
cut in half.

Deberíamos pensar en la vida
como una cremallera atorada
o una caja metálica de galletas
dotada del arcoíris de hilos,

como la decepción, la zozobra,

la arena blanca que del cielo cae,

el bordado de doña Agustina

como ese universo de arena

que se contrae.

DRAMAQUILADORA

Duerme, ciudad.
Duerme, anhelo.
    Duerme tiempo
en el desfiladero que se hace
por las llantas de camiones chatarra
(hace algún tiempo
fueron *schoolbuses*
en el otro lado del río).

Ahora transportan
fantasmas,
y erosionan el suelo
con su paso a triple turno.
(y aunque los pinten
siguen llenos de herrumbre)

Diecinueve horas
repitiendo el mismo movimiento:
sostener, ensamblar, soltar...

La cinta transportadora se detiene
para el cambio de turno.

Pero, si al final de la jornada
puede que venga la muerte,
no seas cruel, doncella de arena...

¡aparta a tus hijos del cáliz!

La trampa

> *Definitivamente, estamos en el mundo:*
> *la verdadera vida no está ausente.*
> **Francisco Ortega Palomares**

Fines de semana de tres días
interminables
que corren lerdos como si el tiempo
fuese un globo de hielo
un globo de hielo con helio
derritiéndose hasta explotar.

La tarde del domingo,
que es cereza del pastel,
pasa fugaz. Los platos sucios y el polvo
pigmentan el cenicero,
hacen campo semántico con el olvido,

Y del techo caen por la gotera
lagrimitas de cielo regio
justo encima de la pila de libros
que no hallaron asilo político

en la exclusiva embajada de textos predilectos.

¿Cómo explicarme a mí y a los míos
que el color de mi barba es natural
(bermeja, cobriza,
inestable)
y que si no he dormido en seis días
no ha sido por insomnio o estrés,
sino por pésimos hábitos de pesadilla?

Ya no quiero trampas de agua estancada,
quiero pisar arena
ya sea de playa, ya sea desierto.

Último momento

Ambigú

Resurrección

Los operadores muy pronto
saldrán de las tripas del desierto
para poder checar de nuevo su tarjetón.

PART TIME JOB

El velo de la noche permanece,
pero la ciudad no se aquieta.

Arqueólogos albañiles
escarban las entrañas de la ciudad
en busca de figurines
y solo encuentran fango
bajo la tierra agrietada.

ROSA DEL DESIERTO

Al final del día,
cuando los buitres se marchan,
todos los huesos
quedan del mismo color.

CUARTA PARED

Lector, lectora, quimera:
¿cuál es el camino más fácil
de cruzar la frontera?
¿saltar el muro, o romperlo?

MATORRAL

El barquero jubilado
se fue a morar al baldío:

fogata de notas rojas,
cueva de cartón, madera y tabiques,
radio reloj, un cobertor grasiento

y afuera un panorámico
"land for lease".

GUARIDA

Con hebras de trapeador
o ramitas de abeto,
guacamayas de alas rotas
y tucanes sin pico
construyen ñongos
en el bordo del río.

FALLA

Apila todos tus sueños

en una torre de madera

mira cómo

el carraspeo de Dios

la

       de-

             rrum-

                   ba.

NIÑO DE BRONCE

Se lo llevaron de noche.
Sólo dejaron sus pies.
Fue en la cara de su padre,
pero a espaldas del virrey.

FRÁGIL

Comienza a temblar
cada vez más fuerte,
y apenas con el zumbido de un abejorro
caen los templos
y las casas que no soportan
ni la más inofensiva balacera.

IRSE LEJOS

¿Para qué?[4]

---
[4] ¿Y a dónde?

Quedarse

¿Por qué?[5]

---
[5] ¿O por quién?

VÉRITAS

Las letras en los cerros
—*cosa entre las cosas*—
tras el paso de los años,
o la halitosis de las industrias
se irán borrando.

Paso del Norte

Yo no lo sé desierto,
pero juro que aquí aún hay vida.

ARIDOAMERICAN STANDOFF

UNO: EL INDIO

Hermes rarámuri desciende por *Copper Canyon*
                       [a paso redoblado.
Los Árboles del Mohinora,
agrupación contratada para el baile de esta noche,
tocan con chapareque y tambora
danzas
que mil lunas antes
bailó la niña Nellie,
y que su alma
seguirá bailando
durante mil lunas más.

DOS: LULLABIES

La agüela,
cada que nos portábamos mal,
hacía calor,
y no rezábamos,
conjuraba:
> ...*Decía Gregorio Cortez*
> *con su pistola en la mano:*
> *"No corran, pinches cobardes,*
> *de un solo mexicano"*

los lepes sonreíamos,
luego el caldo de serpiente surtía efecto;
alucinábamos.
Soñábamos con sitios alegres,
> mientras la agüela ocultaba tesoros
> de la garra de la bola.

Afuera había neblina y polvo.
Afuera, trotes de caballo.
Afuera, remolinos del demonio
estampándose
contra el conjuro anti alimañas
del tarareo de mi agüela.

Éramos hormigas
refugiadas entre las piedras
ante el enojo de la tolvanera.

TRES: LOST DINOSAURIOS

Mijo, las ideas trascienden.
No se asuste por lo que voy a decirle:
los dinosaurios tiranos
cavaban fosas de sal
y ahí echaban
pelaos inocentes como a usté y como a mí.

Para que nadie los encontrara más.
Para que nadie les pudiera rezar.
Para que nadie les pudiera llorar.

Canallas, son hidras, mijo.

Miles de años luego
los mismos dinosaurios
extraen la sangre negra
suspendida
que se formó de
la muerte de tus antepasados,
de nuestros vencidos,
de los ninguneados.

Someone need to take care of the prehistoric business.

Por eso siguen cultivando cuerpos, mijo.
pero usted córrale,
y avísele a los primos
de todos los pueblos cercanos,
dígales que ellos están buscando un pretexto
pa´ e r r a d i c a r n o s.
Dígales que no se los vamos a dar.

Cuatro: la herrumbre

Herpes rarámuri se extiende por las trusas de la
Calle Victoria
         a paso veloz.
Juan Revelación y su ronda los Jinetes,
la mejor agrupación del milenio,
soplan las trompetas.
Y el cordero cada uno de los sellos;
Ladies night,
         notte di cabaret.
Coman y beban
todos hasta inmolarse.

Sáciense *and then* vomiten
sobre la noche aridoamericana
sobre el caldo de estrellas,
sobre el desierto entre desiertos.

Descuento a los convertidos en sal.

Cinco: toma de Ciudad Juárez soñada por una escribana

¡Avant Gardea!
dijo el Cordero,
Cordero que quita el pecado de la Rpblc d ls ltrs,
Ámonos con la bola…
      Monseñor Arango dixit,
      Monseñor Arango *this shit.*
let´s go to conquistar Columbus,
pueblito que formó parte de la república
      y que luego nos quitaron los güeros.

Dejen que llore Lola del River,
dejen que gimotee,
que se pierda dentro de sí…
      Fuck off, Piaf!
Don Pancho sólo quiere que suene "Ramona"
      como el *soundtrack* de su revuelta.

Que mi comandante sea nuestra voz
y que nuestra voz diga que no queremos
spaguetti-westerns,
que´l producto nacional es bueno
y que esta balada
la va a musicar el llanto de la del Río.

Dolores en el río que fui a cruzar para alcanzar la gloria.
Dolores en todas mis entrañas.

Fosa de sal para apilar
insurrectos, *groupies* y cuatreros.

Dolores de riñón,
 chicle sabor gobernadora para empezar
la curación menor.
Mi comandante, ¿qué hacemos con éste?
Mi comandante, ¿qué hacemos con este otro?

Mi comandante, ¿va a desenterrar la cajita de Pandora?

Seis: El riyablo

¾ de parpadeo de la noche:
las botas de un bandido evaden la rima
y su mano mugrienta gira la aldaba.

Traga saliva,
barre su frente mojada
con el dorso
y acomoda su sombrero
con el glande de su colt…

La niña Nellie está dormida.
La niña está en un sueño pesado,
un sueño del que no va a despertar.

El anciano ha dicho que ambos cañones eyacularán al diablo.

Tata… ¿verdad que no se puede rescribir el pasado?

CHARCOAL SERENADE

> *Madre nuestra La Tierra*
> *que fluyes en el poro de todo lo viviente*
> ***Aurora Reyes***

Ay, de ti, imperfecta.
que habrías alcanzado tu forma final
en el salubre beso de la noche.

Oh, no obstante, deliciosa cofradía verbal,
antimirabas con ahínco mil bonanzas,
y rechazabas, petulante, la flor de las tribulaciones.

Súbita tú, imperfecta marejada,
remolino de arena movediza.
Oh, vertiente, oh, vergel impoluto.
Reuma castálida
que se desborda sobre los pies de mis hermanos beduinos.

Pulcra transgredida, desértica hermana tierra,
en tus carnes reposa la muerte, en tus carnes
abunda la resurrección.
Oh, de arena, transfiguración
que en fuego conservas
ominosos versículos del terco Esplandián.
Oh, maniatada mina de carbón
que oscureces de fuego tiempos remotos
donde nada dice todo.

Ay, de ti, imperfecta…
manifiéstate vengativa:
muéstrame tu forma final.

ERASED

Borrado, el indio gólem
come raíces en la meseta.
Recuerda al convoy de blancos
quemando sus tipis-
violando su tierra.

El indio gólem no olvida una mirada.
Persigue parco y desde el fango
papel de arroz y cenizas de tabaco...
absorbe magia
extrae voluntades,
e invoca maldiciones al rostro del enemigo
(para consumar su venganza, desde luego).

El gólem chichimeca
ve en todos los ojos de todos los blancos
el viento de muerte que barrenó a su pueblo.

Siete: preámbulo al esténdof

Herpes chichimeca sumergido
en un charco de lodo y sangre
aguardando a los cuatreros arriesgados
que cabalgarán sobre las arenas movedizas
con un costal lleno hasta el cuello de tesoros.

    ¿sí te sabes esa canción, mijo?

"Era yo una chiquilla todavía
cuando tú casualmente me encontraste
y a merced de tus artes de mundano
de mi honra, el perfume te llevaste…"

    ¿te acuerdas cuando la agüela Tomasa
lloraba con el requinto?
A ella también la engañó un mal hombre.

    Esa rola te persigue, rebota en tu
mente y carcome tu cerebro
y sientes un cosquilleo y un movimiento de
larvas en tu entrepierna;
    palpas, hay una llaga, y otra, y otra.
    Carne viva,
              y el sheriff te va a
disparar
y luego te ahogará en el charco de lodo
    (eso no te lo digo el anciano, pero lo
viste en sus retinas)
    llegas al fin del sendero:
    llagas al fin, sobre el sendero;
It´s time to crear one nuevo camino.

Ocho: ∞

Hallaron el cuerpo de la niña Nellie
violado, tumefacto, lacerado
en tierra santa…
zaherido, cubierto de espigas *among the* estepas.

Y de su torso extrajeron
enormes pilas de carbón,
      y más carbón
           y luego de tres costales,
           hallaron música fosilizada.

Ahí se viene la maldición.
Ahí se viene la turba iracunda.
Ay, de aquel que mancilló a la niña.

Shall thy fury pour upon thy lineage.

City of Dis

> *Mi guía, con la faz amortajada,*
> *dijo: «Bajemos a ese mundo ciego:*
> *primero yo: tú, sigue mi pisada.»*

Dante Alighieri, Canto IV

Un farol de alquitrán se consume
cuando miro las venas celestes en la palma de mi mano.
Mañana (algún día) será viernes.

Las cataratas en los ojos del anciano pronostican
bolitas duras de algodón.

Hace mucho que no graniza en el desierto.
Escucho mi voz de hace unos años
y me asquea el ceceo y la agudeza desafinada
que arroja mi garganta
como si en lo más íntimo
añorara yo una voz de hombre que destroza los cerros
y desplaza a chichimecas.
       Que mi vaho hiciera justicia,
una sola puerta de tres, abierta.
Me repudio a mí mismo
mientras miro frente al espejo de agua sobre el pozo,
y reconozco mi carne que se entumece
y también esa bandera-vestido-rosa bajo la noche templada,
       ondulada por aliento de espectro.

Me nombraron sheriff por desalojar las tierras.
Me nombraron sheriff por contener las hordas bárbaras
de los sin-alma, sin-dios, de estos terrenos del diablo.

La grandeza me espera… ¿por qué no siento regocijo?

WANTED

Se agrupan nubes negras a lo lejos.
Se pudren afuera de la comisaría tres pelaos que baleamos.
Ninguno de ellos era el que buscaba.

El anciano dijo que granizará.
You should not have gone.
Veo el recorrido gentil de estos años
y sonrío,
aunque alguien vendrá por mí y romperá la puerta…
aunque yo esperaré siempre la diligencia correcta,
aunque yo tendré el corazón agrietado,
y este remolino de cobre que grita,
esta ciudadela de madera mal clavada,
no me ofrecerá sino silencio
y paz
      (paz falsa)
            de la reminiscencia
                ¿será?
Tiro mi insignia…
no sirvo pa´ un carajo.
    ¿por qué?
¿por qué siento que no he saciado (~~mi~~) su venganza?
¿por qué de mi carabina
jamás ha brotado justicia?
¿quién diablos
mancilló
el cuerpo de la niña Nellie?

Cuadro de un niño jugando en la arena

A Juan Manuel Zermeño

A Dios le gusta jugar
con sus monitos en el baldío.
A Dios le gusta el número tres.

El bandido como coyote
esnifa polvo del sueño para calmar la cefalea
mientras su pubis
et pulvis reverteris
se pudre

El sheriff cree que hallará justicia
y será vitoreado
si venga la muerte de la niña Nellie.

El Indio gólem
le asiente al espejismo
de nuestra santísima Virgen de los desiertos.

Dios, un niño que desentierra armadillos,
quiebra botellas
y come biznagas.
A Dios le gusta el número tres.

ESTÉNDOF

L o s t estigos (finados mirando desde lo alto)
El Sheriff, El Indio que bajó corriendo del cerro y ahora tiene la piel lodosa, *Hell* Bandido con migraña…
La tritogenia aridoamericana; mal, ira y fealdad.
La doncella Nellie mancillada y la ira del desierto.
El cuerpo de Nellie enterrado en suelo ajeno,
 y el bufe-de-la-locomotora a lo lejos,
a lo lejos, el Río Grande, a lo lejos
el peregrinaje de Álvar.
A Dios le gusta el número tres.
El Indio apuntando con su dardo al Sheriff que le quitó su tierra,
El Sheriff con su carabina dirigida hacia el pubis del Bandido,
El Bandido con su *colt* flácida apuntando al gólem chichimeca,
las trompetas a lo alto, la tierra vendida, la tierra robada.
Las cajitas apiladas una sobre otra creando una torre hacia la dimensión desconocida.
Pirámide construida con ladrillos de tortuga, y encima de todos, el ojo de Dios.
El ojo de Dios que dirige la trayectoria de la flecha que ha apuntado hacia la tráquea del judío converso con su insignia dorada en el pecho…
El ojo de Dios que erecta la colt del Bandido rufián, bribón, perro del infierno, y riega su

simiente y lo incrusta al corazón del Indio
(¡¡¡pero falla!!!)...
El ojo de Dios que acciona un salve a
YHVH... y la 30/30 del sheriff que
despedaza el prurito de su recompensa en
miles de partes.
One... two... three
El Bandido cae, el Sheriff cae, el Indio
corre...
cae, cae, corre,
corre hacia donde el rubio, arrepentido de su
dardo, luego lo arranca, y le da (palabras más,
palabras menos) el beso de la vida...
El Sheriff sobrevive por ese beso,
pero no volverá a caminar,
los coyotes lo arrastran al corral.
El Indio redimido, sabiendo que ya no hay
nada que preserve a su estirpe,
y que deshonró a sus abuelos guerreros,
llora lágrimas de sangre.
Está intacto...
A Dios le gusta el número tres, Dios todo lo
reduce a uno.
El indio se pierde en el horizonte, toca su
piel...
se ha convertido en lodo, el sol lo reseca,
Indio gólem,
y el viento lo inmola,
lo pulveriza,
lo esparce en un doloroso grito de adobe.
Héroe de arena: ni el viento se acordará de ti.
One... two... three.

FRACK-TAL

Inhumana chispa
        rectitud, insolencia clara córnea,
        abeto, obsoleto...
cyan, noche crispada
reminiscencia
ablanda el corazón, la cúspide, sol
de cuatro rayos
sol de cuatro voces
soil
de mil letargos
uno a uno a uno a aún no
soy
tan tin tan tin,
la rama... roble, gas,
        vidrio de vuelta,
        en horno de piedra arderás.
plomo   olvido   ornamento   menta   mientes
mientras
tras
la reja, gira la aldaba
ven:
        calor en el tabaco de un ranchero
        urgencia de encontrar un heredero.
a uno a uno aún no
        tin tan tin tan... tan.

RÉQUIEM

La niña juega con sus soldaditos...
la niña arena juega con sus soldaditos de carroña.

La niña arena lapidada
escarba del patio cantos tristes de sus muertos
mientras papá bebe y bebe sotol,
y ella tararea canciones de lodo.

La niña arena, la niña muerte retuerce a sus soldaditos.
Muere tú, muere tú, tú también.

La niña arena quiere sangre
para humedecer su cuerpo y construir castillos.

La niña no va a perdonarles nunca
el profanar de su muñeca predilecta.

Muere tú, luego tú,
                        tú también.

Epílogo

Los lepes despertamos
¿que pasó y qué soñamos?
¿existimos de verdad?
¿hay fantasmas
                         que cantan historias
mientras dormimos?
¿por qué el viento
       se articula en murmullos?
         ¿o se emulsiona?
¿qué queda?
¿o acaso ya no hay nada?
¿acaso nunca hubo nada?
De arena y lodo está cubierto el yermo

Hoy papá echará a andar la locomotora;
       tres costales de carbón y música.
A lo lejos, la Sierra juega cartas con la tormenta
de arena.

Hoy granizará.
Tan… tin… tan…   tan.

ÍNDICE

Nota y agradecimientos a la 3° y 4° Edición.. 7
Fronteras para unir 11
Primer momento 21
    i 23
    ii 24
    iii 25
    iv 26
    v 27
    vi 28
    vii 29
    viii 30
    ix 31
    x 32
    xi 33
    xii 34
    xiii 35
    xiv 36
    xv 37
    xvi 38
Segundo momento 39
    i 42
    ii 43
    iii 44
    iv 45
    v 47
    vi 48
    vii 49
    viii 51
    ix 52

Tercer momento 55
  From terra norte 57
  Cactus 60
  Bordado en la bórder 61
  Dramaquiladora.. 63
  La trampa 65
Último momento 67
  Resurrección 69
  Part time job 70
  Rosa del desierto 71
  Cuarta pared 72
  Matorral.. 73
  Guarida 74
  Falla... 75
  Niño de bronce 76
  Frágil 77
  Irse lejos 78
  Quedarse 79
  Véritas... 80
  Paso del Norte.. 81
Aridoamerican Standoff................................. 82
  Uno: el indio 84
  Dos: lullabies 85
  Tres: lost dinosaurios 86
  Cuatro: la herrumbre 87
  Cinco: toma de Ciudad Juárez soñada por una escribana 88
  Seis: el riyablo 90
  Charcoal serenade (canto en sueños de un beduino) 91
  Erased... 93
  Siete: preámbulo al esténdoff.................... 94
  Ocho: ∞.. 95

City of Dis 96
Wanted 98
Cuadro de un niño jugando en la arena.... 99
Esténdof 100
Frack-tal 102
Réquiem 103
Epílogo 104

Funámbulo Ediciones

Colección de poesía

Funámbulo
Evy P. Reiter

Dividir el desierto
Mikhail Carbajal

Un árbol pasa y duele como una estación vacía
Dina Tunesi

Tristera
Fernando Trejo

Colección de narrativa

Cuentos para noches de insomnio
Jorge López Landó y Mario Alcalá

Chicalotas: reunión de narradoras del noreste
Marionn Zavala, compiladora.

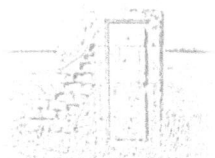

Dividir el desierto de Mikhail Carbajal, se terminó de editar en mayo de 2021 y su primer tiraje impreso fue en marzo de 2023. La tipografía utilizada fue Garamond 12. El diseño y cuidado de la edición estuvo a cargo del autor.

Lee, siente, comparte.
San Nicolás de los Garza, N.L., México.

Made in the USA
Coppell, TX
19 January 2026

68460071R00066